FINANZIELLE FREIHEIT IN IHREN 40ERN ERREICHEN.

Finanzielle Freiheit in Ihren 40ern erreichen

Serie "Finanzielle Freiheit in jedem Alter"
von: D.K. Hawkins
Version 1.1 ~November 2021
Veröffentlicht von D.K. Hawkins bei KDP
Copyright ©2021 by D.K. Hawkins. Alle Rechte vorbehalten.

Kein Teil dieser Publikation darf ohne vorherige schriftliche Genehmigung der Herausgeber in irgendeiner Form oder mit irgendwelchen Mitteln, einschließlich Fotokopien, Aufzeichnungen oder anderer elektronischer oder mechanischer Methoden oder durch ein Informationsspeicher- oder -abrufsystem, vervielfältigt, verbreitet oder übertragen werden, mit Ausnahme sehr kurzer Zitate in kritischen Rezensionen und bestimmter anderer nichtkommerzieller Verwendungen, die nach dem Urheberrecht zulässig sind.

Alle Rechte vorbehalten, einschließlich des Rechts auf vollständige oder teilweise Vervielfältigung in jeder Form.

Alle Angaben in diesem Buch wurden sorgfältig recherchiert und auf ihre sachliche Richtigkeit überprüft. Der Autor und der Herausgeber übernehmen jedoch keine Garantie, weder ausdrücklich noch stillschweigend, dass die hierin enthaltenen Informationen für jede Person, jede Situation oder jeden Zweck geeignet sind, und übernehmen keine Verantwortung für Fehler oder Auslassungen.

Der Leser übernimmt das Risiko und die volle Verantwortung für alle Handlungen. Der Autor kann nicht für Verluste oder Schäden verantwortlich gemacht werden, die sich aus den in diesem Buch enthaltenen Informationen ergeben könnten.

Alle Bilder sind frei verwendbar oder von Stockfoto-Websites erworben oder lizenzfrei für die kommerzielle Nutzung. Ich habe mich bei der Erstellung dieses Buches auf meine eigenen Beobachtungen sowie auf viele verschiedene Quellen gestützt, und ich habe mein Bestes getan, um die Fakten zu überprüfen und die Quellen zu nennen, wo es angebracht ist. Sollte Material ohne entsprechende Erlaubnis verwendet worden sein, kontaktieren Sie mich bitte, damit das Versehen korrigiert werden kann.

Die in diesem Buch enthaltenen Informationen dienen nur zu Informationszwecken und sind nicht als Quelle für Ratschläge oder Kreditanalysen in Bezug auf das dargestellte Material gedacht. Die in diesem Buch enthaltenen Informationen und/oder Dokumente stellen keine Rechts- oder Finanzberatung dar und sollten niemals ohne vorherige Rücksprache mit einem Finanzfachmann verwendet werden, um festzustellen, was für Ihre individuellen Bedürfnisse am besten geeignet ist.

Der Herausgeber und der Autor geben keine Garantie oder andere Versprechen hinsichtlich der Ergebnisse, die durch die Verwendung des Inhalts dieses Buches erzielt werden können. Sie sollten niemals eine Anlageentscheidung treffen, ohne vorher Ihren eigenen Finanzberater zu konsultieren und Ihre eigenen Nachforschungen und Sorgfaltsprüfungen durchzuführen. Soweit gesetzlich zulässig, lehnen der Herausgeber und der Autor jegliche Haftung für den Fall ab, dass sich die in diesem Buch enthaltenen Informationen, Kommentare, Analysen, Meinungen, Ratschläge und/oder Empfehlungen als ungenau, unvollständig oder unzuverlässig erweisen oder zu Investitions- oder anderen Verlusten führen.

Der in diesem Buch enthaltene oder zur Verfügung gestellte Inhalt stellt keine Rechts- oder Anlageberatung dar, und es entsteht keine Beziehung zwischen Anwalt und Mandant. Der Herausgeber und der Autor stellen dieses Buch und seinen Inhalt auf der Basis "wie besehen" zur Verfügung. Die Nutzung der Informationen in diesem Buch erfolgt auf eigene Gefahr.

INHALTSVERZEICHNIS.

INHALTSVERZEICHNIS. 4

EINFÜHRUNG. 6

KAPITEL 1 9

    Identifizieren Sie Ihre Ziele für finanzielle Freiheit. 9

KAPITEL 2 19

    Optimale Wohlstandsformel, um den Lebensstil Ihrer Träume zu leben. 19

KAPITEL 3 25

    Wie Sie Ihr Geld durch Investieren vermehren können. 25

KAPITEL 4 30

    Erkunden Sie die Zwangsvollstreckungsbranche. 30

KAPITEL 5 36

    Nutzung der Barmittel Ihrer Gläubiger. 36

KAPITEL 6 40

    Ein Heimunternehmen gründen, um früher in Rente zu gehen. 40

KAPITEL 7 48

    Entscheiden Sie sich für Freiheit statt Schulden. 48

KAPITEL 8 54

    Zehn-Punkte-Plan zur Wiedererlangung der finanziellen Kontrolle und zum Schutz der Zukunft Ihrer Familie. 54

KAPITEL 9 63

Machen Sie Ihre Zukunft zu einem Ort der Freude und des Glücks. 63

KAPITEL 10 68

Es ist Zeit für dich zu regieren! 68

SCHLUSSFOLGERUNG. 72

EINFÜHRUNG.

Der Aufbau von Vermögen ist nichts, woran viele junge Menschen in ihren Vierzigern denken, wenn sie ihren ersten Gehaltsscheck erhalten. Wenn man jedoch schon früh im Leben mit dem Vermögensaufbau beginnt, ist dies einer der besten Schritte, die man unternehmen kann, um eine erfolgreiche finanzielle Zukunft zu sichern.

Der Hauptgrund dafür ist der Zinseszins. Je mehr Zeit Ihr Geld verzinst wird, desto mehr Geld werden Sie verdienen. Je höher Ihr Guthaben ist, desto höher sind auch die Zinserträge. Auch wenn es nicht den Anschein hat, dass Sie viel zusätzliches Geld verdienen, kann der Unterschied erheblich sein, wenn man den gesamten Zinsertrag über dreißig oder vierzig Jahre betrachtet.

Ein frühzeitiger Beginn hat auch den Vorteil, dass man umso mehr Risiko eingehen kann, je früher man damit beginnt. Wer beispielsweise 10 Jahre vor dem Renteneintritt mit dem Sparen beginnt, muss in Vermögenswerte investieren, die ihm in kurzer Zeit genug Geld zum Leben bieten.

Wenn Sie jung sind, können Sie größere Risiken eingehen, da Sie mehr Zeit haben, Marktabschwünge zu überstehen oder sich von schlechten Anlageentscheidungen zu erholen. Allerdings sind es oft die risikoreicheren Anlagen, die die höchsten Gewinne abwerfen.

Wenn Sie als junger Mensch einen Plan für den Vermögensaufbau entwickeln, können Sie einige der häufigsten Fehler vermeiden. Zunächst sollten Sie einen Notfallfonds einrichten. Vermeiden Sie, wann immer möglich, die Aufnahme von Schulden.

Erstellen Sie einen Haushaltsplan und halten Sie ihn ein. Sparen Sie regelmäßig einen Teil jedes Gehaltsschecks und legen Sie ihn an. Wenn Sie diese einfachen Schritte unternehmen, die die meisten Menschen erst im mittleren Alter in Betracht ziehen, haben Sie die Nase vorn.

Junge Menschen, die mit dem Vermögensaufbau beginnen wollen, sollten sich so viel Wissen wie möglich aneignen. Je mehr Wissen Sie erwerben, desto besser werden Sie dastehen. Investitionen und die Entwicklung eines Finanzplans können verwirrend sein, und Sie wollen sicherstellen, dass Sie die bestmöglichen Entscheidungen treffen.

Bei der Entwicklung Ihrer Vermögensentwicklungsstrategie kann es von Vorteil sein, ein Seminar zur Vermögensbildung zu besuchen. Seminare zur Vermögensbildung werden von Fachleuten aus der Branche angeboten, die Sie in die richtige Richtung führen können.

Wenn Sie als junger Mensch in den Vierzigern damit begonnen haben, Ihre finanzielle Zukunft zu planen, haben Sie bereits den ersten Schritt zum finanziellen Erfolg getan. Die Schaffung von Reichtum hängt vollständig von Informationen und Strategien ab. Mit ein wenig Voraussicht sind Sie auf dem besten Weg zur finanziellen Freiheit.

KAPITEL 1

Identifizieren Sie Ihre Ziele für finanzielle Freiheit.

Wenn Sie Menschen fragen, was sie sich im Leben am meisten wünschen, werden sie fast immer sagen, dass sie reich, wohlhabend oder finanziell unabhängig sein wollen. Einige von ihnen werden Ihnen sagen, dass sie in einem großen Haus oder einer Villa mit einem großen Swimmingpool im Garten, vergoldeten Armaturen, einem Butler und/oder einem Dienstmädchen usw. leben möchten, aber das sind meist nur Phantasien über den Reichtum.

In der Tat fahren viele Wohlhabende und Millionäre zuverlässige und luxuriöse, aber nicht unbedingt auffällige Autos, leben in gut gestalteten, aber nicht zu großen Häusern und kaufen nicht ständig die teuerste Kleidung der angesagtesten Designer du jour.

Fragt man diese Menschen, warum sie überhaupt reich werden wollen, geben fast alle an, dass sie reich werden wollen, um mehr Freiheit im Leben zu haben.

Was ist Ihr Ziel der finanziellen Freiheit?

Streben Sie danach, den extravaganten Lebensstil zu leben, der in Entertainment Tonight, Access Hollywood, E! oder VH1 gezeigt wird?

Möchten Sie eine beträchtliche Summe Geld anhäufen, um die Welt zu erkunden?

Möchten Sie genug Geld haben, um Ihren derzeitigen Lebensstandard aufrechtzuerhalten, falls Sie unerwartet Ihre Arbeit verlieren sollten?

Alle diese Ziele sind erreichbar, auch wenn einige mehr Vermögensbildung erfordern als andere.

Finanzielle Freiheit ist die Fähigkeit, so viel Vermögen anzuhäufen, dass Sie Ihren Arbeitsplatz aufgeben können und nie wieder arbeiten müssen, um Ihren Lebensstandard zu halten. Dies hängt jedoch von den individuellen Umständen ab.

Nehmen wir an, Ihr Lebensstil besteht darin, ein großes Haus mit zwei Luxusautos zu besitzen, jedes Jahr viele Urlaube zu machen und eine Fülle von teuren Kleidungsstücken, Schmuck und Gadgets zu kaufen. In diesem Fall ist Ihr Einkommen entweder extrem hoch, oder Sie haben sich bis zum Äußersten verschuldet.

Wenn Sie einen bescheideneren Lebensstil pflegen, in einer Eigentumswohnung oder einem kleinen Haus wohnen und Ihre Ausgaben niedrig halten, können Sie auch mit einem mittleren fünfstelligen Einkommen auskommen. Doch wie können Sie feststellen, was Sie benötigen, um finanzielle Freiheit zu erreichen?

Nach R. Buckminster Fuller errechnet sich der Wohlstand aus der Menge des gesparten Geldes, geteilt durch den Zeitraum, der erforderlich wäre, um Ihren derzeitigen Lebensstil aufrechtzuerhalten, wenn

Sie plötzlich entlassen würden oder Ihre Arbeit verlören.

Wenn Sie beispielsweise 10.000 Dollar gespart haben und damit fünf Monate lang überleben könnten, wären Sie fünf Monate lang wohlhabend. Wenn Sie 40.000 Dollar gespart haben und von 2.000 Dollar im Monat leben könnten, wären Sie 20 Monate lang wohlhabend.

Was wäre aber, wenn Sie diese Mittel dazu verwenden könnten, einen Einkommensstrom zu schaffen, der Sie auf unbestimmte Zeit wohlhabend macht?

Dies kann durch passives Einkommen erreicht werden. Passives Einkommen ist Geld, das Sie erhalten, ohne dafür arbeiten zu müssen. Mit anderen Worten: Sie verdienen Geld im Schlaf. Passives Einkommen wird in der Regel durch Ihr eigenes Unternehmen, Immobilien oder Investitionen in Aktien oder Anleihen erzielt.

Gründung eines neuen Unternehmens.

Viele Menschen haben durch die Gründung eines eigenen Unternehmens Geld angehäuft. In der Regel begannen sie mit einer Leidenschaft, die ihnen Spaß machte, wie z. B. Backen oder Kunsthandwerk, und berechneten für ihre Produkte oder Dienstleistungen Gebühren. Sie können das Gleiche tun. Die einfachste Methode für den Anfang ist der Verkauf alter, nicht mehr benötigter Gegenstände auf eBay.

Viele Menschen begannen ihr Unternehmen zu Hause, indem sie ihren alten Krempel auf eBay verkauften, um Profit zu machen. Sie sammelten dann gebrauchte Sachen von Flohmärkten, Heilsarmee-Kleiderläden und Goodwill und verkauften sie gewinnbringend weiter. Wenn Sie ein Internet-bewusster Mensch sind, können Sie Geld verdienen, indem Sie die Produkte anderer Leute über Affiliate-Netzwerke verkaufen.

Partnerprogramme ermöglichen es Ihnen, Produkte von fremden Websites zu verkaufen und dafür eine Provision für jeden Verkauf zu erhalten, der über Ihre Website oder Ihren Blog erfolgt. Clickbank, Linkshare und Commission Junction sind allesamt gute Anlaufstellen für Partnerprogramme.

Geld verdienen mit Immobilien.

Immobilien sind für den Normalbürger eine der gängigsten Möglichkeiten, Geld anzuhäufen. Während Immobilien in den letzten Jahren eine äußerst beliebte Möglichkeit waren, Geld zu verdienen, scheint es, als stünden wir an der Schwelle zu einer Immobilienblase, die zu platzen droht.

Der größte Teil dieser Immobilienblase lässt sich auf das sogenannte "Flipping" zurückführen, bei dem eine Person ein Haus oder eine Eigentumswohnung mit einer hohen Hypothek kauft, um es später aufgrund der Preissteigerung mit Gewinn weiterzuverkaufen. Ein großer Teil davon wurde über Late-Night-Infomercials im Fernsehen beworben.

Diese Taktik ist zwar effektiv und kann Ihnen in kurzer Zeit einen erheblichen Geldbetrag einbringen, hat aber auch einige Nachteile. Erstens handelt es sich nicht immer um eine zuverlässige Quelle passiven Einkommens, und zweitens stehen Sie möglicherweise ohne Käufer da, wenn der Markt zu früh seinen Höhepunkt erreicht.

Die altbewährte Methode, von Immobilien zu profitieren, ist natürlich der Erwerb von Mietwohnungen. Sie kaufen ein Gebäude mit zwei oder drei Wohnungen oder einen kleinen Apartmentkomplex und vermieten die verbleibende Fläche an Mieter.

Wenn Sie Ihre Hypothek und die Mieten richtig strukturieren, decken die Mietzahlungen Ihrer Mieter die Kosten für die monatliche Hypothek, Steuern und Versicherungen, so dass Ihnen zusätzliches Geld zur Verfügung steht.

In manchen Gegenden ist es nicht ungewöhnlich, mit einem preisgünstigen Mietshaus ein beträchtliches Mieteinkommen zu erzielen. Manche Menschen verdienen ihren Lebensunterhalt ausschließlich damit, anderen ein Zuhause zu bieten.

Investitionen in Aktien und Anleihen zur Erzielung passiver Einkünfte.

Dies ist zwar eine einfachere Möglichkeit, passives Einkommen zu erzielen als Immobilien, erfordert aber mehr Kapital und setzt voraus, dass Sie Aktien und Anleihen gut genug verstehen, um bei Ihrer Investition zu bleiben.

Dividenden bieten in diesem Szenario ein passives Einkommen. Mit anderen Worten: Unabhängig davon, ob Sie Aktien, Schatzanweisungen oder Anleihen kaufen, zahlt Ihnen das Unternehmen, das die Aktien ausgegeben hat (oder das US-Finanzministerium im Falle von Anleihen), eine Bardividende.

Es handelt sich dabei um ein paar Cent pro Aktie oder einen nominalen Zinssatz, aber wenn Sie eine ausreichende Anzahl von Aktien oder Anleihen kaufen, können Sie damit ein beträchtliches Einkommen erzielen.

In manchen Situationen erhalten Sie einen hohen Zinssatz oder eine hohe Rendite, wie es oft heißt, die oft weit über der von Bankeinlagen liegt. Sie investieren beispielsweise 400.000 Dollar in Aktien, die eine jährliche Dividende von 12 Prozent abwerfen. Außerdem bleiben Sie Eigentümer der zugrunde liegenden Aktien, die Sie mit Gewinn verkaufen oder im Falle von Anleihen bis zur Fälligkeit halten können.

Diese Aktie würde Ihnen 48.000 $ an Dividenden einbringen. Angenommen, Sie halten diese Aktie fünf Jahre lang und sie steigt auf 650.000 $. Dann hätten Sie nicht nur 48.000 $ für jedes der fünf Jahre erhalten, sondern auch einen Kapitalgewinn von 250.000 $ erzielt. (vor Provisionen und Steuern).

Dies ist natürlich nur ein kurzer Überblick darüber, wie man finanzielle Freiheit erreichen kann. Wenn Sie sparsam leben, können Sie Ihre finanzielle Freiheit wahrscheinlich schneller erreichen, indem Sie in einkommensstarke Immobilien investieren oder Ihr eigenes Unternehmen gründen. Wenn Sie einen üppigeren Lebensstil anstreben, müssen Sie möglicherweise eine umfassende Strategie für den Vermögensaufbau entwickeln.

KAPITEL 2

Optimale Wohlstandsformel, um den Lebensstil Ihrer Träume zu leben.

Es gibt viele Möglichkeiten, dieses dynamische Residualeinkommen zu erwirtschaften, z. B. durch den Besitz von Mietobjekten, durch Lizenzgebühren für eine Erfindung oder ein kreatives Werk oder durch Heimarbeit mit einem Unternehmen, das auf Residualeinkommen angewiesen ist, um seine Rechnungen zu bezahlen.

Kreative Arbeit zum Beispiel generiert Residualeinkommen. Jedes Jahr verdienen Autoren wie J.K. Rowling und Tom Clancy und Musiker wie Paul McCartney und Bob Dylan Geld für Arbeiten, die sie vor Jahren abgeschlossen haben. Nach ihrem Tod fließen die Einkünfte weiterhin in ihren Nachlass. Das ist fantastisch, und auch Sie können auf die gleiche

Weise verdienen, wenn Sie das richtige Heimgeschäft wählen.

Geld auf einer Bank würde die gleiche Funktion erfüllen. Nehmen wir an, Sie wünschten sich ein monatliches Einkommen von 5000 Dollar, mit dem Sie tun können, was Ihnen gefällt. Bei einem Nettozinssatz von 5 % bräuchten Sie mindestens 1,2 Millionen Dollar auf der Bank. Mit Steuern und anderen Abzügen hätten Sie etwa 2 Millionen Dollar verdienen müssen. Wie lange werden Sie arbeiten, um diese 1,2 Millionen Dollar zu verdienen?

Tausende von Menschen wie Sie häufen im Stillen Reichtümer an, indem sie von zu Hause aus arbeiten, sogar im Schlaf. Werden Sie sich ihnen anschließen?

Es handelt sich hier nicht um ein System, mit dem man schnell reich werden kann, sondern um eine garantierte und beständige Einkommensmöglichkeit, von der Tausende von Menschen wie Sie bewiesen haben, dass sie funktioniert. Es erfordert Anstrengung und Entschlossenheit, vor allem am Anfang und manchmal, bis die volle Kraft einsetzt.

Ich bin der Meinung, dass das Leben zu kurz ist, um innezuhalten und Entscheidungen zu treffen, um in irgendeiner Angelegenheit voranzukommen.

Welche werden Sie wählen?

Behalten Sie den typischen 45-Jahres-Arbeitszeitplan bei oder schaffen Sie Ihr eigenes neues Residualeinkommen und sehen Sie zu, wie es wächst! Im Gegensatz zum linearen Einkommen gibt es für Ihr Nettoeinkommen keine Obergrenze. Wussten Sie, dass 20 % der Millionäre ihr Vermögen auf diese Weise erworben haben?

Es überrascht nicht, dass Anthony Robbins, Robert G. Allen, Donald Trump und Robert Kiyosaki glühende Verfechter des Aufbaus dieser idealen Wohlstandsformel mit Residualeinkommensströmen sind.

Zu viele Kleinunternehmer erklären: "Ich habe seit vier Jahren keinen Urlaub mehr gemacht". Ihre Unternehmen führen sie, nicht umgekehrt, wie es eigentlich sein sollte. Ganz gleich, ob Sie schon eine Weile im Geschäft sind oder gerade erst anfangen, je eher Sie anfangen, über eine Strategie zur Steigerung des passiven Einkommens nachzudenken und diese umzusetzen, desto eher werden Sie persönliche und finanzielle Freiheit erlangen.

Mit Ihrem Heimarbeitsplatz bauen Sie sich Freiheit auf, nicht nur ein Geschäft, vorausgesetzt, Sie wählen den richtigen. Sie können ein beständiges Einkommen für Monate, Jahre oder vielleicht Ihr ganzes Leben generieren, indem Sie nur einmal arbeiten, da Sie wiederholt für eine einmalige Anstrengung entschädigt werden.

Wäre es nicht schön, für jede geleistete Stunde hunderte Male bezahlt zu werden?

Damit diese ideale Reichtumsformel zu Ihren Gunsten wirkt, während Sie Ihren Pass zum Reichtum aufbauen.

Welche Auswirkungen kann das auf Ihr Leben haben?

Welche Art von Lebensstil würden Sie führen?

Es ist an der Zeit, den Prozess der Transformation zu beginnen. Sie könnten so weitermachen wie bisher und zum gleichen Ergebnis kommen, aber ist es das, was Sie wollen? Fragen Sie nach.

Was tue ich jetzt?

Wo würde ich gerne sein?

Was ist der effizienteste Weg für mich?

Was würden SIE lieber tun, wenn Sie die Wahl hätten?

Einmalige Bezahlung für geleistete Arbeit oder häufige Bezahlung - vielleicht jahrelang oder sogar für den Rest Ihres Lebens - für einmalig geleistete Arbeit in Form von Residualeinkommen? Die Wahl liegt bei Ihnen.

KAPITEL 3

Wie Sie Ihr Geld durch Investieren vermehren können.

Investitionen sind zwar eine der wirksamsten Strategien, um finanzielle Freiheit zu erlangen, aber der Erfolg erfordert besondere Fähigkeiten und Kenntnisse. Neben Ihrem Wissen und Ihren Fähigkeiten müssen Sie auch bereit sein, "Risiken einzugehen".

Haben Sie keine Angst davor, Risiken einzugehen, denn Sie können sie kontrollieren und begrenzen, indem Sie sich mit den notwendigen Fähigkeiten und Kenntnissen ausstatten. Wie das Sprichwort sagt, erfordert das Investieren Wissen, um Kapitalverluste zu vermeiden.

Vor dem Investieren.

Vergewissern Sie sich vor der Investition, dass Sie die folgenden wesentlichen Punkte vorbereitet haben. Vergewissern Sie sich, dass Sie alle Ihre Schulden und Verbindlichkeiten beglichen haben. Vergewissern Sie sich vor der Investition, dass Sie über eine Bargeldreserve oder Notreserven verfügen, die Sie im Notfall unterstützen, damit Sie Ihre Investition nicht abziehen müssen.

Die empfohlene Menge an Notgeld entspricht dem Einkommen von drei bis sechs Monaten. Wenn Ihr monatliches Einkommen also 2.500 Dollar beträgt, sollten Sie 15.000 Dollar an Notfallmitteln haben, die Ihnen sechs Monate reichen.

Außerdem sollten Sie eine Lebensversicherung abschließen. Eine Lebensversicherungspolice ist eine Absicherung. Sie brauchen eine Lebensversicherung, wenn Ihnen etwas Tragisches zustößt. Im Falle Ihres Todes kann die Lebensversicherung Ihrer Familie helfen, den finanziellen Schaden wiedergutzumachen.

Die empfohlene Höhe der Lebensversicherung entspricht mindestens dem Wert Ihres

Jahreseinkommens für drei Jahre. Wenn Ihr Jahreseinkommen 60.000 $ beträgt, sollten Sie eine Lebensversicherung mit einem Nennwert von 18.000 $ abschließen, die drei Jahre lang gültig ist, um Ihre Familie bei der Bewältigung finanzieller Verluste zu unterstützen.

Nachdem Sie Ihre Verpflichtungen beglichen, einen Notfallfonds eingerichtet und eine Versicherung abgeschlossen haben, ist es an der Zeit, Ihre Risikotoleranz zu bestimmen.

Bestimmen Sie Ihre Risikotoleranz.

Das hängt immer von Ihrem Alter ab: Wenn Sie noch jung sind, können Sie ein hohes Risiko eingehen, während Personen zwischen Mitte 40 und 50 ein moderates Risiko eingehen sollten und Personen ab 50 nur noch risikoarme Anlagen in Betracht ziehen sollten.

Geldmarktfonds, Festgelder und Anleihen sind geeignete Anlagen für Anleger, die ein geringes Risiko suchen.

Anleihen und Aktien sind akzeptable Anlagen für diejenigen, die ein mittleres Risikoprofil anstreben.

Sie können ausschließlich in Aktien investieren, wenn Sie ein hohes Risiko eingehen wollen.

Setzen Sie sich ein finanzielles Ziel.

Nachdem Sie Ihre Risikotoleranz bestimmt haben, müssen Sie sich ein finanzielles Ziel setzen. Was ist der Zweck einer Investition? Es ist ein Ziel, bei dem Sie den Zweck Ihrer Investitionen und die damit verbundenen monatlichen oder jährlichen Kosten verstehen sollten.

Wann sollten Sie mit dem Investieren beginnen und wie wollen Sie Ihre Bestände liquidieren?

Entscheiden Sie sich für eine Investition.

Eine Strategie ist nur dann von Nutzen, wenn sie auch umgesetzt wird. Sie werden niemals eine Rendite erzielen, wenn Sie Ihre Strategie nicht umsetzen. Sie müssen handeln, einen Schritt nach dem anderen tun.

Alles ist ganz einfach, vor allem, wenn Sie Ihr Geld wirklich vermehren wollen. Sie sollten sich nicht scheuen, dies zu tun, von der Kontoeröffnung bis zur Kontofinanzierung und wenn Sie sich entscheiden, in den Aktienmarkt zu investieren. Lassen Sie sich von einem Finanzberater oder Finanzexperten beraten; Berater gibt es in Banken und Wertpapierfirmen.

Geld zu sparen ist vorteilhaft, da es die Gewohnheit fördert, mit Geld umzugehen. Sie werden auch ein disziplinierter Anleger sein, wenn Sie fleißig sparen. Legen Sie jeden Monat Geld von Ihrem Gehalt oder Einkommen beiseite, um ein Anlagekonto zu finanzieren, z. B. Investmentfonds oder ein Börsenkonto.

KAPITEL 4

Erkunden Sie die Zwangsvollstreckungsbranche.

Was ist eine Zwangsvollstreckung?

Um eine Zwangsvollstreckung zu beschreiben, müssen wir uns ansehen, was passiert, wenn ein Kreditnehmer die Bedingungen des Kreditvertrags oder der Vereinbarung nicht einhält. Der Kreditnehmer hat es versäumt, den Kredit zurückzuzahlen, und nun hat der Kreditgeber die rechtliche Befugnis, die Immobilie zu beschlagnahmen, um die entgangenen Einnahmen aus der Zwangsversteigerung wiederzuerlangen.

Nicht alle Zwangsversteigerungen sind gleich. Es gibt verschiedene Formen von Zwangsvollstreckungen, darunter Hypothekenvollstreckungen,

Treuhandvollstreckungen und strenge Zwangsvollstreckungen.

Wenn ein Kreditnehmer ein Darlehen von einer Bank erhält und ein Schuldschein ausgestellt wird, spricht man von einer Hypothekenvollstreckung. In diesem Schuldschein sind die Bedingungen des Kredits und die Höhe der monatlichen Zahlungen festgelegt. In dem Schuldschein wird auch das Fälligkeitsdatum der monatlichen Zahlungen festgelegt.

Das Darlehen wird dann durch einen Hypothekenvertrag gesichert, der als Sicherheit für die Schuld dient. Der Darlehensgeber, der häufig als Hypothekengläubiger bezeichnet wird, erhält bestimmte Rechte, wenn der Darlehensnehmer mit der Rückzahlung des Darlehens in Verzug gerät. Bis die Schulden beglichen sind, wird ein Pfandrecht an dem Haus oder Grundstück bestellt.

Eine andere Art der Zwangsvollstreckung ist die Treuhandvollstreckung. Bei dieser Art von Vertrag wird die Eigentumsurkunde treuhänderisch an eine dritte Partei übertragen, in der Regel an eine Titel- oder Treuhandgesellschaft. Einige Zwangsvollstreckungen werden dann streng durchgesetzt.

Bei dieser Art der Zwangsvollstreckung ist der Kreditgeber rechtmäßig und legitim Eigentümer der Wohnung oder des Grundstücks. Der Kreditgeber hat die Befugnis, vom Kreditnehmer zu verlangen, dass er die Immobilie sofort verlässt, wenn sein Rückkaufsrecht abgelaufen ist.

Viele Faktoren können dazu beitragen, dass ein Haus der Zwangsvollstreckung zum Opfer fällt. Zinserhöhungen, Arbeitslosigkeit und eine instabile Wirtschaft können ein Problem darstellen.

Die Gründe für eine Zwangsvollstreckung können auch persönlicher Natur sein, z. B. Arbeitsplatzwechsel, Tod oder Arbeitsunfähigkeit, gesundheitliche und medizinische Schwierigkeiten, Scheidung oder ein gescheitertes Unternehmen. Viele Faktoren können dazu beitragen, dass ein Hauseigentümer in Not gerät.

Es gibt verschiedene Möglichkeiten, ein Haus oder eine Immobilie zu erwerben, die sich in einem Stadium der Zwangsvollstreckung befindet. Investoren können direkt vom Hauseigentümer kaufen, wodurch sich die Notwendigkeit des Wettbewerbs zwischen den Investoren verringert. Eine andere Möglichkeit ist der Kauf über eine öffentliche Auktion.

Beim Kauf im Rahmen einer Auktion ist der Hausbesitzer nicht an den Verhandlungen beteiligt. Eine weitere Möglichkeit besteht darin, die Immobilie im Anschluss an die Auktion zu erwerben. In diesem Fall verhandeln Sie direkt mit der Bank oder einem anderen Kreditgeber und deren Vertreter.

Wenn die Zahlung nicht zum vereinbarten monatlichen Fälligkeitsdatum erfolgt, beginnt formell das Zwangsvollstreckungsverfahren. Dieses Datum entspricht in der Regel dem Beginn des Abrechnungszyklus für Hypothekenzahlungen.

Versäumte Zahlungen können in der Regel mit der Bank oder dem Kreditgeber auf einen späteren Zeitpunkt verlegt werden. Dies hat zur Folge, dass nach der tilgungsfreien Zeit Verzugszinsen anfallen. Zwischen dem 45. und 60. Tag schickt der Kreditgeber dem Kreditnehmer ein Einschreiben oder eine Absichtserklärung mit der Bitte um Zahlung.

In diesem Schreiben wird auch darauf hingewiesen, dass der Kreditnehmer den Vertrag nicht einhält und dass die Wohnung oder das Grundstück von der Zwangsvollstreckung bedroht ist. Nach neunzig Tagen wird der Fall an die Zwangsvollstreckungsabteilung weitergeleitet, die die erforderlichen rechtlichen Unterlagen einreicht.

Für Investoren kann die Kapitalisierung dieser Häuser und Grundstücke zu erheblichem Wohlstand und finanzieller Freiheit führen. Der Plan setzt sich aus drei Komponenten zusammen. Der erste Schritt besteht darin, Schnäppchen ausfindig zu machen.

Danach geht es darum, ein Angebot zu unterbreiten, das angenommen wird, und es schließlich zu Geld zu machen, sei es durch den Großhandel und die Übergabe der Immobilie an den Investor gegen einen Scheck, die Vermietung oder den Verkauf in der Zukunft.

KAPITEL 5

Nutzung der Barmittel Ihrer Gläubiger.

Die meisten Erwachsenen in ihren Vierzigern treffen schlechte finanzielle Entscheidungen. Es erfordert ein hohes Maß an Disziplin, das zusätzliche Geld in etwas zu investieren, das kurz-, mittel- und langfristig eine höhere Rendite bringt.

Die Kreditkartenbranche ist die profitabelste Branche in den Vereinigten Staaten. Der Durchschnittsbürger ist nicht in der Lage, solide finanzielle Entscheidungen zu treffen. Die Hauptzielgruppe (Beute) der Kreditgeber sind 18-Jährige, denen es an finanzieller Bildung mangelt und die wenig oder gar keine Krediterfahrung haben.

Jedes Jahr beantragen Millionen von Amerikanern neue Kreditkarten, unabhängig von ihrem Geschlecht, ihrer Rasse, ihrer ethnischen Herkunft oder ihrer Behinderung. Die einzige

Voraussetzung ist, dass Sie Staatsbürger der Vereinigten Staaten und mindestens 18 Jahre alt sind.

Was mich jedes Mal aufregt, ist, wenn Kreditgeber diese extrem jungen und naiven Menschen in einen Vertrag einbinden und sie dummerweise jeden Cent, der auf der Kreditlinie der Karte verbleibt, für dumme Dinge ausgeben, die ihnen nichts nützen.

Die Kreditgeber geben sich als Ihre besten Freunde aus, um Ihnen mit hohen, anpassbaren Zinssätzen und all den im Kleingedruckten über der Unterschrift des Antragstellers aufgeführten Bedingungen jeden Cent aus der Tasche zu ziehen.

Ich konzentriere mich nur deshalb auf die heutige junge Generation, weil es ganz natürlich ist, dass jungen Menschen die finanzielle Intelligenz fehlt, die sie brauchen, um im Leben erfolgreich zu sein und finanzielle Gefahren zu vermeiden. Die Älteren sollten diese Lektion durch ihre Erfahrungen und wirtschaftlichen Nöte schon früh gelernt haben, aber die meisten tun es leider nicht.

Der Hauptvorteil eines jungen Menschen besteht darin, das Geld der Gläubiger zu nutzen, um mehr Geld zu verdienen und die Kreditkarte jeden Monat abzubezahlen. Um dies zu erreichen, müssen Sie sich das nötige Fachwissen aneignen und einen guten Plan entwickeln.

Wissen - Wissen ist mächtig, aber nur, wenn es wirksam eingesetzt wird. Bevor Sie sich jedoch Wissen aneignen, müssen Sie eine Investitionseinstellung entwickeln, indem Sie inspirierende Bücher für Investoren lesen.

Sobald Sie die richtige Einstellung entwickelt haben, werden Sie so begeistert und motiviert sein, dass Sie bereit sind, zu lernen. Wenn Sie richtig unterrichtet werden, wird dies das Risiko verringern und Ihnen zu bedeutenderen und sinnvolleren finanziellen Entscheidungen und Möglichkeiten verhelfen.

Mein bester Rat ist, sich diejenigen zu suchen, die in dem Bereich, in dem Sie arbeiten möchten, herausragende Leistungen erbringen, und sich ihr Wissen anzueignen. Es gibt einen Trick, um sich das Wissen finanziell erfolgreicher Menschen anzueignen, und Sie müssen lernen, ihn zu Ihrem Vorteil zu nutzen.

Informationsquellen - Die Ressourcen, die Sie brauchen, um zu verstehen, wie Sie finanzielle Freiheit erreichen können, sind überall um Sie herum. Ihr bester Freund ist Google; suchen Sie nach den besten Investitionsbüchern, kaufen Sie sie in Ihrem örtlichen Buchladen, und halten Sie sich mit aktuellen Ereignissen auf dem Laufenden, indem Sie das Wall Street Journal lesen. Besuchen Sie einen Vortrag, um sich weiterzubilden und Kontakte zu knüpfen.

KAPITEL 6

Ein Heimunternehmen gründen, um früher in Rente zu gehen.

Cashflow ist der wichtigste Begriff in der Finanzbranche. Hebelwirkung ist der zweitwichtigste Begriff. Hebelwirkung ist der Grund, warum manche Menschen reich werden und andere nicht. Weniger als 5 % aller Amerikaner sind wohlhabend, weil nur 5 % wissen, wie sie ihren Reichtum hebeln können.

Eine der bekanntesten Arten der Hebelwirkung ist das Ausleihen von Geld. Millionen von Menschen sind in finanzieller Gefahr, weil Schulden als Hebel gegen sie eingesetzt werden. Gute Schulden machen Sie wohlhabend, während schlechte Schulden Sie verarmen lassen.

Ihr Intellekt, die mächtigste Form der Hebelwirkung der Welt, kann Sie reich oder arm machen.

Überzeugungen.

Menschen, die reich sind, verwenden eine reiche Sprache, während Menschen, die verarmt sind, eine verarmte Sprache verwenden. Ihr Verstand kann Ihr wertvollstes Gut oder Ihre größte Belastung sein.

Der Unterschied zwischen wohlhabenden und verarmten Menschen besteht darin, dass arme Menschen häufiger sagen: "Ich kann es mir nicht leisten" als wohlhabende Menschen. Wenn Sie jung und wohlhabend in den Ruhestand gehen wollen, müssen Sie Ihr Denken zu Ihrem Vorteil und nicht gegen Sie verwenden. Die Zeitschrift Forbes definiert Wohlstand als ein Jahreseinkommen von 1 Million Dollar oder mehr.

Das Problem mit einem Job ist, dass er Ihnen den Weg zum Wohlstand versperrt. Die meisten Menschen haben die Absicht, zu verarmen. Deshalb sagen so viele Menschen: "Wenn ich in Rente gehe, wird mein Einkommen sinken".

Mit anderen Worten: "Ich habe vor, mein ganzes Leben lang hart zu arbeiten und verarmt in Rente zu gehen." Heute verlassen sich Millionen von Arbeitnehmern auf ihre Rentenpläne, einschließlich 401(k) und IRA-Konten.

Die Arbeitnehmer sind jetzt selbst für ihren Ruhestand verantwortlich. Während der industriellen Revolution war es Sache des Unternehmens oder des Staates, sich um die finanziellen Belange nach Beendigung des Arbeitslebens zu kümmern. Diese Rentensysteme des Informationszeitalters haben eine fatale Schwäche.

Der Fehler besteht darin, dass die meisten dieser Pläne an den Aktienmarkt gekoppelt sind, und wie Sie vielleicht schon bemerkt haben, steigen und fallen die Aktienmärkte. Das Versprechen, für den Rest des Lebens fleißig zu arbeiten, ist eine miserable Strategie.

Für viele Babyboomer wird die Zeit, unsere wertvollste Ressource, immer knapper. In Wirklichkeit sind weniger als 5 % der US-Bevölkerung wohlhabend, denn 95 % wünschen sich, wohlhabend zu sein, aber nur 5 % unternehmen etwas.

Die drei wichtigsten Vermögenswerte, die Menschen wohlhabend machen und ihnen einen frühen Ruhestand ermöglichen, sind folgende:

1. Liegenschaften

2. Immaterielle Vermögenswerte

3. Unternehmen.

Wir alle haben Bedenken. Der Unterschied liegt darin, wie wir auf diese Anfragen reagieren. Wenn Sie Ihre Worte und Gedanken an die der Wohlhabenden anpassen können, wird es ein Leichtes sein, jung und wohlhabend in Rente zu gehen. Das größte Hindernis, dem Sie gegenüberstehen, ist die Überwindung Ihrer Selbstzweifel und Ihrer Lethargie.

Ihr Selbstmisstrauen und Ihre Trägheit bestimmen, wer Sie sind. Wenn Sie ändern wollen, wer Sie sind, müssen Sie sich Ihren Selbstzweifeln und Ihrer Trägheit stellen. Ihr Selbstzweifel und Ihre Trägheit sind die Faktoren, die Sie klein halten. Es sind Ihre Selbstzweifel und Ihre Trägheit, die Sie daran hindern, das Leben zu leben, das Sie sich wünschen.

Niemand steht Ihnen im Weg außer Ihnen und Ihren Selbstzweifeln. Es ist einfach, den Status quo beizubehalten. Es ist leicht, unverändert zu bleiben. Die meisten Menschen entscheiden sich dafür, ihr ganzes Leben lang derselbe zu bleiben. Wenn Sie sich mit Ihren Selbstzweifeln und Ihrer Faulheit auseinandersetzen, werden Sie den Schlüssel zu Ihrer Befreiung entdecken.

Viele Menschen tun nicht, wozu sie fähig sind, weil ihnen ein überzeugendes "Warum" fehlt. Wenn Sie erst einmal Ihr "Warum" herausgefunden haben, ist es leicht, Ihr eigenes "Wie" zum Reichtum zu bestimmen. Anstatt in sich zu gehen und herauszufinden, warum sie wohlhabend werden wollen, suchen die meisten Menschen den einfachsten Weg zum Wohlstand, und das Problem mit dem einfachsten Weg ist, dass er oft in eine Sackgasse führt.

Drei weitere Wege zu unermesslichem Reichtum sind die folgenden:

1. Verbesserung der unternehmerischen Fähigkeiten

2. Verbesserung der Fähigkeiten im Umgang mit Geld

3. Verbesserung der Investitionsfähigkeit.

Wenn Sie über ein fantastisches Konzept debattieren, sollten Sie vielleicht nicht mehr debattieren. Wenn jemand zu etwas, das er sich wünscht, sagt: "Ich kann es mir nicht leisten" oder "Ich kann es nicht tun", dann hat er ein großes Problem.

Warum in aller Welt sollte jemand zu etwas, das er sich wünscht, sagen: "Ich kann es nicht tun"? Ich argumentierte damit, dass ich mich vor dem

Herzschmerz schützen wollte, den große Träume mit sich bringen können, wenn sie nicht verwirklicht werden. Ich hatte geträumt und bin explodiert.

Mir wurde klar, dass ich eher gegen ein weiteres Scheitern als gegen das Ziel argumentierte. Ein Tipp: Vor Jahren habe ich entdeckt, dass Leidenschaft eine Mischung aus Liebe und Hass ist. Ohne Leidenschaft für etwas ist es nicht leicht, etwas zu tun. Wenn Sie etwas wollen, verfolgen Sie es mit Eifer.

Ihr Leben wird durch Leidenschaft angetrieben. Wenn Sie sich etwas wünschen, das Sie nicht haben, überlegen Sie, warum Sie es sich wünschen und warum Sie es verachten, es nicht zu haben. Wenn Sie diese beiden Ideen kombinieren, werden Sie die Motivation finden, sich von Ihrem Platz zu erheben und alles zu nehmen, was Sie sich wünschen. Ich habe schon viele Leute sagen hören: "Mit Geld kann man kein Glück kaufen."

"Wie viele von Ihnen wünschen sich, mit vierzig in Rente zu gehen und für den Rest ihres

Lebens finanziell unabhängig zu sein? An diesem Satz ist etwas Wahres dran. Das Einkommen ermöglicht es mir jedoch, mehr Zeit mit Dingen zu verbringen, die mir Spaß machen, und andere für das zu entschädigen, was ich verachte. Wie viele von Ihnen ziehen den Vorruhestand in Betracht?"

KAPITEL 7

Entscheiden Sie sich für Freiheit statt Schulden.

Zu viele Menschen sind verschuldet, was nicht weiter verwunderlich ist, denn alles, was größer als Null ist, ist übermäßig. Dies ist vor allem eine Entwicklung aus dem letzten Viertel des zwanzigsten Jahrhunderts, ein Phänomen der Babyboomer.

Frühere Generationen mussten in der Regel die gekauften Waren zum Zeitpunkt des Kaufs bezahlen, eine beträchtliche Menge an Sicherheiten stellen oder einen Dritten als Mitunterzeichner haben, um den Kauf pünktlich zu tätigen.

Ein Bauer oder Viehzüchter im neunzehnten Jahrhundert kaufte vielleicht pünktlich im Gemischtwarenladen ein. Sie zahlten ihre Kredite am Ende der Saison zurück, wenn ihre Produkte oder Tiere geerntet wurden.

Ursprünglich gewährten die Gemischtwarenhändler den Verbrauchern Kredite. Zu Beginn des zwanzigsten Jahrhunderts wurden dann die Kreditkarten erfunden, die Mitte des Jahrhunderts allgegenwärtig wurden. [creditcards.com]

Kreditkarten wurden als Zahlungsmittel akzeptiert, da sie nur an Personen mit einer guten Bonität ausgegeben werden konnten. Ende des zwanzigsten und Anfang des einundzwanzigsten Jahrhunderts wurden sie so häufig verteilt wie Halloween-Leckereien. Sie wurden sogar unangekündigt von Tür zu Tür geliefert.

Der Grund für die explosionsartige Zunahme der Kreditkartennutzung in dieser Zeit war, dass nicht genug Menschen genug Geld ausgaben, um die Unternehmen, die Waren herstellten und Dienstleistungen erbrachten, zufrieden zu stellen. Der Verbraucher wollte sein ganzes oder fast sein ganzes Geld ausgeben. Das war zu restriktiv. Es war unerträglich und konnte nicht weitergehen.

Jedes Unternehmen, das expandieren und florieren will, braucht Kunden, die mehr ausgeben, als sie sich leisten können. Wir leben in einer Welt, die von Plastikkreditkarten beherrscht wird. Wir sind in die Vergangenheit zurückgekehrt und verdanken unsere Seelen dem Unternehmensladen (sprich: den Konsumschulden), den Tennessee Ernie Ford in seinem Klassiker Sixteen Tons besang.

Um Schulden abzubauen, ist es wichtig zu verstehen, wie sie sich anhäufen, wenn der Wunsch den Bedarf übersteigt, wenn man glaubt, dass mehr besser ist, obwohl mehr nicht genug ist, wenn die Ungeduld nicht wartet, wenn dem Kauf kein Stöbern vorausgeht, wenn die Kosten nicht in den Preis eingerechnet werden und so weiter.

Es ist ein weit verbreiteter Irrglaube, dass man glücklich wird, wenn man hat, was man sich wünscht, und wenn man es hat, wann man es wünscht. Wenn man diesen Mythos versteht, kann man diesem Glauben ein Ende setzen und sein Verhalten ändern.

Die Frage, wie man die gekauften Dinge bezahlen soll, wird nur noch mehr Stress und Angst verursachen.

Die Antwort ist Geld, aber nicht im herkömmlichen Sinne. Wenn es um Geld geht, gibt es zwei Überlegungen. Ausreichend Geld zu haben, ist der Schlüssel zum Schuldenabbau, zur Erfüllung von Bedürfnissen und zur finanziellen Sicherheit, um glücklich zu sein.

Geld für Grundbedürfnisse wie Nahrung, Kleidung und Unterkunft auszugeben, ist eine kluge Investition. Alles andere, was man kaufen kann, wird veraltet sein, mit der Zeit verfallen oder nicht mehr gebraucht werden und deshalb weggeworfen werden. Das Geld, das für den Kauf dieser Gegenstände verwendet wurde, wird ebenfalls gelöscht.

Was ist das Ziel all dieser Ausgaben, von denen die meisten mit Geld getätigt werden, von dem wir annehmen, dass wir es in der Zukunft haben werden, wie die Verwendung von Kreditkarten beweist? Der letztendliche Wert des Geldes liegt nicht in dem, was es kaufen kann, sondern in dem, was es liefern kann. Es bietet nur vorübergehendes Vergnügen.

Geld kann durch Sparen angehäuft werden, aber sein Wert wird im Laufe der Zeit aufgrund der Inflation abnehmen; daher muss es investiert werden und in Ruhe gelassen werden, damit es an Wert gewinnt und sich vermehrt. Dies wird für finanzielle Sicherheit, geistige Ruhe und echtes Glück sorgen. Es wird die Freiheit bringen.

Das erinnert mich an ein längst vergessenes Gedicht von Robert Frost mit dem Titel The Road Not Taken. Es beginnt mit den Worten: "Zwei Wege teilten sich in einem gelben Wald, und ich nahm den weniger begangenen, der den ganzen Unterschied ausmachte. Das passt in dem Sinne, dass Freiheit als die Fähigkeit definiert wird, seinen Lebensweg zu wählen.

Auch bei der Reise durch das eigene finanzielle Leben trennen sich zwei Wege. Der eine Weg ist mit allen Freuden des Lebens gesäumt, mit Selbstverwöhnung in Hülle und Fülle, die nur darauf wartet, dass der Reisende sie genießt. Der Kredit ebnet den Weg in die Leibeigenschaft, wo die Freiheit nur durch die selbst auferlegten finanziellen Verpflichtungen eingeschränkt wird.

Ein zweiter Weg erfordert Selbstbeherrschung und selbst auferlegte Einschränkungen des Vergnügens, ist aber von reichlich Reichtum, Erfolg und Glück gesäumt und führt zu Wohlstand, wo finanzielle Sicherheit und Freiheit vorherrschen.

Jeder und jede wählt seinen oder ihren Weg. Leben Sie, ohne sich zu entschuldigen oder Ihre Wahl zu bereuen. Der Weg zum Wohlstand ist nur ein kurzes Stück entfernt. Man muss nur den richtigen Weg einschlagen.

KAPITEL 8

Zehn-Punkte-Plan zur Wiedererlangung der finanziellen Kontrolle und zum Schutz der Zukunft Ihrer Familie.

Dieses Kapitel fasst einen getesteten und bewährten Zehn-Punkte-Plan zusammen, mit dem Sie die vollständige finanzielle Kontrolle zurückgewinnen und die Zukunft Ihrer Familie schützen können. Weiter lesen.

a) Schulden tilgen

Bevor Sie irgendetwas anderes tun, müssen Sie Kreditkartenschulden, Überziehungskredite und Darlehen, insbesondere gesicherte Darlehen, abbezahlen. Sie können niemals Reichtümer für sich oder Ihre Familie anhäufen, wenn Sie monatliche Zinsen für Schulden zahlen.

Übertragen Sie Ihre Rechnungen auf kostengünstigere Alternativen, insbesondere 0%-Kreditkarten, wenn Sie sie bekommen können, und bringen Sie heute Opfer, um Ihre Verbindlichkeiten so schnell wie möglich zu begleichen. Je früher Sie sie abbezahlen, desto eher können Sie anfangen zu sparen und Geld zu verdienen.

b) Vergewissern Sie sich, dass Sie über ein Sicherheitsnetz von Ersparnissen und einige liquide Mittel für Investitionen verfügen.

Wenn Sie nicht über ausreichend "liquide" Mittel verfügen, um die unmittelbaren Kosten zu decken, ist es sinnlos, in die Zukunft zu investieren. Mit "liquide" meine ich "leicht zu beschaffen".

Das bedeutet, dass Sie genug Geld auf einem Sparkonto haben sollten, um Sie und Ihre Familie einige Monate lang zu versorgen, falls alles schief geht. Berechnen Sie, wie viel Geld Sie jeden Monat ausgeben müssen, um ein Dach über dem Kopf und Essen im Mund zu haben, multiplizieren Sie das mit drei und legen Sie dieses Geld auf ein Konto, auf das Sie nur im Notfall zugreifen.

c) Beenden Sie Ihre Hypothekenzahlung

Die vorzeitige Abzahlung Ihrer Hypothek ist eine der sichersten und steuerlich günstigsten Investitionen, die Sie tätigen können. Sie verschafft Ihnen die große Freiheit, frei von Hypotheken zu sein, und ist eine steuerfreie Investition, da Sie mit jedem Geld, das Sie für Ihre Hypothek zu viel zahlen, den gesamten Zinsbetrag sparen - im Gegensatz zu Sparkonten, bei denen die Zinsen besteuert werden.

Es gehört zu den sichersten Investitionen, die Sie tätigen können, da Sie es vollständig abbezahlen, wenn Sie Ihre Hypothek abbezahlen.

Betrachten Sie die folgenden Zahlen: Die monatlichen Zahlungen für eine Tilgungshypothek in Höhe von 100.000 £ bei einem Zinssatz von 5 %

würden sich über 25 Jahre auf 584,59 £ belaufen, was einer Gesamtzinszahlung von 75.377 £ entspricht.

Wenn Sie jedoch die Laufzeit auf 15 Jahre verkürzen, belaufen sich Ihre monatlichen Zahlungen auf 790,79 £, aber Sie zahlen während dieses Zeitraums nur 42.342,20 £ an Zinsen, was einer Ersparnis von 33.034,80 £ entspricht. (Savills)

d) Verteilen Sie Ihre Einsätze

Um auf Nummer sicher zu gehen, sollten Sie Ihre Anlagen über verschiedene Anlageklassen (Aktien, Immobilien, Bargeld, Anleihen usw.) streuen.

Nichts ist sicher beim Investieren. Legen Sie Ihr Geld nicht in einen Korb. Niemand besitzt eine Kristallkugel, und niemand kann vorhersagen, was in der Zukunft geschehen wird. Nichts, nicht einmal Häuser, ist so sicher wie Häuser. Sie können sich nicht auf eine einzige Anlageklasse verlassen, um eine beträchtliche Geldsumme anzuhäufen, mit der Sie in der Zukunft ein komfortables Einkommen erzielen können.

e) Beständigkeit beibehalten

Wie bei den biologischen Funktionen ist es auch beim Sparen und Investieren eine gute Idee, konsequent zu sein! Wenn Sie jeden Monat nur einen kleinen Betrag übrig haben, ist es auf lange Sicht viel besser, einen monatlichen Dauerauftrag von Ihrem Bankkonto für Investitionen einzurichten, damit das Geld investiert ist, bevor Sie es sehen.

Wenn Sie in regelmäßigen Abständen investieren, profitieren Sie außerdem vom so genannten "pound cost averaging", was bedeutet, dass Sie die Höhen und Tiefen einer volatilen Anlage (wie z. B. des Aktienmarktes) auffangen, was sich im Laufe der Zeit in einer durchschnittlichen, respektablen Rendite niederschlägt.

f) Informieren Sie sich über die Fakten und denken Sie selbst - folgen Sie nicht der Herde.

Geldmanagement ist ähnlich wie eine ausgewogene Ernährung. Man muss kein

Ernährungswissenschaftler sein, um zu wissen, wie man sich gesund ernährt. Dennoch müssen Sie einige grundlegende Fakten über Obst und Gemüse, Vitamine, Proteine und Mineralien verstehen, um eine ausgewogene und gesunde Ernährung zu planen.

Genauso verhält es sich mit dem Umgang mit Geld. Sie müssen kein lizenzierter Finanzberater sein, aber Sie sollten verstehen, wie Geld funktioniert.

Nehmen Sie sich deshalb jede Woche ein paar Minuten Zeit, um den Geldteil des Daily Express zu lesen. Eignen Sie sich etwas Wissen über Sparen und Investieren an, indem Sie die Mine, Money Magpie oder The Motley Fool besuchen.

Wir wären wesentlich wohlhabender, wenn wir genauso viel Zeit damit verbringen würden, uns mit Finanzfragen zu befassen, wie mit der Frage, welchen Flachbildfernseher wir uns als nächstes kaufen oder welches neue Smartphone wir uns zulegen sollen.

g) Investieren Sie in preiswerte, einfache Produkte, die Sie verstehen.

Es ist möglich, einen angemessenen Gewinn am Aktienmarkt zu erzielen, wenn Sie langfristig investieren und sich an einfache Produkte mit geringen Gebühren halten. Indexfonds (oft als "Tracker" bezeichnet) und börsengehandelte Fonds sind die beiden wichtigsten Produkte, die in diese Kategorie fallen (ETFs).

Diese Anlagen werden in der Regel von Computerprogrammen und nicht von menschlichen Fondsmanagern verwaltet, die zu Weihnachten einen neuen Porsche Boxster brauchen. Sie überwachen Aktienmarktindizes, Rohstoffe (Öl oder Zucker) oder sogar ganze Länder (wie China, Brasilien oder Russland).

h) Die Steuer senken

Achten Sie jedes Jahr darauf, dass Sie alle verfügbaren Strategien zur Steuervermeidung ausschöpfen. Denn warum sollten Sie so viel Zeit und Mühe aufwenden, um Ihren Lebensunterhalt zu verdienen und umsichtige Investitionen zu tätigen, nur um einen großen Teil davon durch Steuerhinterziehung zu verlieren?

Renten und Produkte der National Savings and Investments Company sowie bestimmte spezialisierte Investmentfonds sind steuerfrei und durchaus eine Überlegung wert. Deshalb ist es wichtig, zuerst den gesamten Nettogewinn zu betrachten und nicht nur etwas zu verfolgen, weil es steuerfrei ist. Gelegentlich sind die Renditen trotz des steuerlichen Anreizes noch nicht ausreichend, um die Investition zu rechtfertigen.

i) Sichern Sie die Finanzen Ihrer Familie ab

Wenn Sie eine Familie oder Angehörige haben, sollten Sie sicherstellen, dass Sie eine ausreichende Lebensversicherung haben, um sie über Wasser zu halten, falls Sie nicht für sie sorgen können. Hier dürfen Sie nicht an der falschen Stelle sparen. Stellen Sie sicher, dass die Hypothek bezahlt wird und dass sie im Falle Ihrer Abwesenheit versorgt sind.

j) Ändern Sie Ihre Anlagen, wenn sich Ihre Lebensumstände ändern.

Mit zunehmendem Alter ändern sich Ihre Investitionsanforderungen. Wenn Sie in den Vierzigern sind, können Sie es sich leisten, in risikoreichere Anlagen zu investieren, die Ihnen im Laufe der Zeit positive Renditen bringen sollten. Mit zunehmendem Alter ist es jedoch ratsam, einen Teil Ihres Geldes in stabilere Anlagen zu investieren, die weniger rentabel, aber auch sicherer sind.

Etwa fünf Jahre vor Ihrem geplanten Ruhestand sollten Sie einen "Lebensstil" für Ihre Anlagen entwickeln und Ihr Geld von volatileren "Wachstumsprodukten" (Aktien, Immobilien, Rohstoffe usw.) in stabilere Anlagen wie Sparkonten, Anleihen und Obligationen umschichten, um die enormen Gewinne, die Sie im Laufe der Jahre erzielt haben, zu erhalten, auch wenn die Märkte fallen.

KAPITEL 9

Machen Sie Ihre Zukunft zu einem Ort der Freude und des Glücks.

Wenn Sie in Ihren Vierzigern finanzielle Freiheit erreichen und gleichzeitig ein Generationenvermögen aufbauen wollen, sollten Sie sich für eine Branche entscheiden, die jetzt und in den kommenden Jahrzehnten stark nachgefragt wird. Die Reisebranche erfüllt diese Kriterien. Jedes Jahr geben die Vereinigten Staaten 1,3 Millionen Dollar für Reisen aus. Das entspricht etwa 2,5 Millionen Dollar pro Minute.

Reisen, wie Sie vielleicht schon erraten haben! Weltweit werden Reisen im Wert von etwa 7 Millionen Dollar gekauft, der größte Teil davon online, und diese Zahl steigt. Diese Zahl wird sich in den nächsten Jahren vervierfachen, da sich die

Generation der Babyboomer auf den Ruhestand vorbereitet. Was wollen sie nach der Arbeit, dem Ruhestand, dem Sparen und der Erziehung ihrer Familien weiter tun?

Wenn Sie sich heute den Reisesektor ansehen, werden Sie feststellen, dass es viele milliardenschwere Unternehmen (vor allem im Internet) vor zehn Jahren noch gar nicht gab. Jeden Tag wetteifern neue Unternehmen um ein Stück von diesem großen und wertvollen Kuchen. Die folgenden drei Tendenzen tragen dazu bei, dass das Reisen eine der besten Möglichkeiten für den normalen Bürger ist, sich in das Spiel um die Verwandlung von Vergnügen in Geld zu stürzen.

Der erste Trend im Internet ist der elektronische Handel. Die Verbraucher haben sich in den letzten zehn Jahren immer wohler gefühlt und sind immer geschickter darin geworden, viele ihrer Bedürfnisse online zu erfüllen.

Selbst wenn Sie offline einkaufen, ist das Internet eine hervorragende Quelle für die Recherche nach allem, was Sie kaufen möchten. Die gleichen Recherchemöglichkeiten werden nun auch für Reisende zu einer beliebten Aktivität.

Früher waren Reisebüros eine gute Quelle für Empfehlungen von Unterkünften und Ausflugszielen, wenn man eine Reise plante. Heute buchen viele Menschen ihre Freizeitreisen online. Auf Dutzenden von Websites kann man heute über die Reiseerfahrungen anderer Menschen lesen. Der Online-Kauf von Reisen kostet die Verbraucher bereits Milliarden von Dollar.

Die Generation der Baby-Boomer verursacht den zweiten großen demografischen Wandel. Die Baby-Boomer-Generation hat seit den 1950er Jahren einen bedeutenden Einfluss.

Sie haben eine Vielzahl von Branchen beeinflusst, darunter die Automobilindustrie, die Wohnungsrenovierung und seit kurzem auch die Reisebranche. Es gibt 79 Millionen Babyboomer in den Vereinigten Staaten und fast 1 Milliarde auf der ganzen Welt. In den nächsten zwei Jahrzehnten wird alle acht Sekunden einer von ihnen in den Ruhestand gehen.

Heimarbeit ist der dritte Trend. Millionen von Amerikanern haben heute ein Heimunternehmen, um ihre Hauptbeschäftigung zu ergänzen oder möglicherweise zu ersetzen. Angesichts der Verkleinerung großer und mittelgroßer Unternehmen und der Auslagerung in andere Länder ist die amerikanische Wirtschaft möglicherweise nicht der beste Weg zu finanzieller Sicherheit, geschweige denn zu finanzieller Freiheit. Unternehmer haben einen Plan B für ihre finanzielle Zukunft mit der Aussicht auf ein Heimarbeitsplatz.

In der Reisebranche besteht die unglaubliche Möglichkeit, ein vollwertiges Internet-Reisebüro bequem von zu Hause aus zu betreiben. Allein die Steuererleichterungen sind ein erheblicher Vorteil, wenn es darum geht, Ihr Nettovermögen zu steigern.

Wirtschaftswissenschaftler und Unternehmer sind sich einig, dass Sie bei langfristigen Trends und nicht bei Modeerscheinungen ganz vorne mit dabei sein wollen. Das Reisen über das Internet, das durch die für Kleinunternehmer zugänglichen Technologien erleichtert wird, scheint eine fantastische Möglichkeit zu sein.

Führen Sie eine Due-Diligence-Prüfung durch, um ein glaubwürdiges Unternehmen ausfindig zu machen, das von dieser Marktverschiebung profitiert. Dann schließen Sie sich der Gruppe von klugen Unternehmern an, die reisen, Spaß haben und gleichzeitig Geld verdienen.

KAPITEL 10

Es ist Zeit für dich zu regieren!

In unserem Land leben immer noch Menschen in erniedrigenden sozialen Verhältnissen; es wird weiterhin durch Kriminalität und vermeidbare Krankheiten zerstört. Die meisten Menschen leben immer noch von der Hand in den Mund und flehen die Regierung um Arbeit an.

Einige haben zwar den Aufstieg geschafft, aber noch nicht ihr volles Potenzial ausgeschöpft, weil sie sich bemühen, nicht in einem Meer von Schulden zu ertrinken. Sie schreien nach Hilfe, um sie vor sich selbst zu retten!

Bedauerlicherweise liegt die Lösung für Ihre Situation nicht bei der Regierung oder anderen, sondern bei Ihnen! Sobald Sie anfangen, sich selbst zu regieren, werden sich Ihre sozialen und wirtschaftlichen Umstände ändern. Dann werden Sie anfangen, den wirtschaftlichen Wohlstand zu erreichen und zu genießen, den sich unsere Vorgänger erträumt und erkämpft haben.

Dies ist jedoch nur möglich, wenn Sie heute damit beginnen, die Kontrolle über Ihre beiden wertvollsten Ressourcen zurückzuerlangen: Zeit und Geld. Das ist richtig: Wie Sie Ihre Zeit und Ihr Geld verwalten, bestimmt, wo Sie heute stehen. Warum fangen Sie also nicht damit an, dass Sie aus beidem das Beste herausholen?

Zweitens müssen Sie verstehen, dass "Reichtum" durch die Anhäufung von einkommenserzeugenden Vermögenswerten entsteht - also dadurch, dass Sie Ihr Geld für sich arbeiten lassen. Daher wird es unglaublich schwierig sein, Vermögen aufzubauen, wenn Sie nicht einen Teil Ihres Gehalts für Investitionen zur Seite legen.

Wenn Sie jedoch konsequent einen Teil Ihres Einkommens für Investitionen beiseite legen, werden Sie feststellen, dass der Vermögensaufbau relativ einfach ist.

Es ist ganz einfach. Wenn es Ihnen an Ersparnissen mangelt, können Sie nicht investieren, was zu einem Mangel an Vermögenszuwachs führt, da Sie nicht investieren können, was Ihnen fehlt. Der erste Schritt besteht also darin, mit dem Sparen zu beginnen! Nicht oft, aber regelmäßig und systematisch. In diesem Jahr sollten Sie sich vornehmen, von jedem Gehaltsscheck, den Sie erhalten, einen bestimmten Prozentsatz zu sparen.

Wenn Sie jede Woche 100,00 Dollar verdienen und die gesamten 100,00 Dollar ausgeben, werden Sie nichts für Ihre Bemühungen übrig haben. Nichts! Was haben Sie eigentlich getan, und für wen haben Sie es getan? Sie haben Ihr ganzes Geld ausgegeben und alle außer sich selbst entschädigt!

Du musst das Geld weiterhin wie Milch betrachten, sonst kannst du keinen Reichtum anhäufen. Wie können Sie also anfangen, Reichtum anzuhäufen?

Beginnen Sie, Ihre Kosten so zu verwalten, dass Sie einen Teil von allem, was Sie verdienen, sparen können. Was auch immer geschieht, Sie sollten Ihre Selbstverpflichtung beibehalten, die Entschlossenheit, Ihr Geld zu sparen, bis Sie es investieren.

Es geht darum, sich selbst zu respektieren und an Ihre Zukunft zu glauben, in die es sich zu investieren lohnt. Kaufen Sie ein Exemplar des Arbeitsbuchs "Taking Control of Your Money"; es ist eine hervorragende Ressource für den Einstieg.

SCHLUSSFOLGERUNG.

Eines der größten Hindernisse, mit denen die meisten Neulinge in der Finanzwelt konfrontiert sind, ist ihre Angst vor Investitionen. Jahrzehntelang waren der Aktienmarkt und Anlageportfolios nur einem kleinen Prozentsatz der Bevölkerung vorbehalten: den Wohlhabenden, den sehr unternehmerisch denkenden Menschen oder denjenigen mit einem Wirtschaftsstudium. Lange Zeit war dies ein Bereich, in dem Wissen mit Macht gleichgesetzt wurde, und Macht bedeutet ein dickes Bankkonto.

Leider bietet diese Denkweise nur wenige Möglichkeiten für Menschen mit kleinen Sparkonten, begrenzten Finanzkenntnissen oder einer mangelnden Bereitschaft, dem bestehenden System ihr hart verdientes Geld anzuvertrauen. Leider meiden viele Menschen den Rat eines Finanzberaters aus verschiedenen persönlichen und finanziellen Gründen, von denen keiner ein Hindernis für eine sichere Zukunft darstellt.

Eines der größten Hindernisse für Investitionen ist der weit verbreitete Glaube, dass man Geld haben muss, um Geld zu verdienen. Um mit dem Investieren zu beginnen, muss man Tausende von Dollar zur Seite legen. Wie können Sie denn investieren, wenn Sie nicht genug Geld sparen können, um anzufangen?

Obwohl für viele Arten von Konten eine Mindesteinlage erforderlich ist, können Sie auch mit einem bescheidenen Betrag beginnen. Auch wenn Sie anfangs vielleicht eine geringere Rendite erzielen, sind kleine Investitionen in Anleihen, Stammaktien und IRAs oft einfach zu tätigen, erfordern keine großen Geldbeträge und ermöglichen es Ihnen, nach und nach zu lernen, so dass Sie sich beim Investieren wohler fühlen und mehr Geld sparen.

Ich kann im Notfall nicht auf mein Geld zugreifen. Eine weitere typische finanzielle Sorge ist, dass Ihr Geld so angelegt wird, dass Sie im Falle eines medizinischen oder familiären Notfalls nicht darauf zugreifen können. Bei bestimmten Konten (z. B.

Einlagenzertifikaten) wird eine hohe Strafe für die vorzeitige Abhebung fällig, bei anderen (wie Geldmarktkonten) nicht.

Die Kunst besteht darin, herauszufinden, welche Anlagen am besten zu Ihnen und Ihrem Lebensstil passen - es gibt dabei keine richtige oder falsche Methode. Oft ist es ideal, mit einem Finanzberater zusammenzuarbeiten, der Ihnen bei der Entwicklung eines Portfolios helfen kann, das eine solide Mischung aus langfristigen Ersparnissen und kurzfristigeren Anlagen darstellt, die Ihnen eine bessere Kontrolle über Ihr Geld ermöglichen.

Ich habe Angst, dass ich alles verliere. Bei Investitionen in den Aktienmarkt besteht immer das Risiko, dass Sie Ihre Ersparnisse verlieren oder erheblich reduzieren. Das kommt nicht häufig vor und betrifft in der Regel diejenigen, die ausschließlich in risikoreiche Anlagen investieren.

Wenn Sie umsichtig und unter der Aufsicht eines Finanzberaters investieren, der Ihr Vermögen auf viele verschiedene Kontenarten verteilt, haben Sie eine sehr hohe Chance, in den nächsten zehn, zwanzig, dreißig oder sogar vierzig Jahren Gewinne zu erzielen.

Der Trick besteht darin, das Investieren als langfristige Strategie zu betrachten. Auch wenn Sie vielleicht nicht im nächsten Jahr unabhängig reich werden, so haben Sie doch etwas, auf das Sie zurückgreifen können, wenn es an der Zeit ist, in Rente zu gehen.

Die Vorteile des Investierens sind zu groß, um sie zu ignorieren, selbst wenn Sie kein großes Sparkonto haben, bereits verschuldet sind oder sich mit Finanzen nicht auskennen.

Am besten wenden Sie sich an einen Finanzberater, der Sie beraten kann, was Sie als Erstes tun sollten und wie Sie Ihre Zukunft wieder in die Hand nehmen können. Die besten Finanzberater schauen nicht nur auf den Kontostand, sondern begleiten Sie bei jedem Schritt, damit Sie sich wohl fühlen.

Danke fürs Lesen.

Serie: Finanzielle Freiheit in jedem Alter.

1. Finanzielle Freiheit in Ihren 20ern erreichen
2. Finanzielle Freiheit in den 30er Jahren
3. Erreichen der finanziellen Freiheit in den 40ern
4. Finanzielle Freiheit in den 50ern erreichen
5. Finanzielle Freiheit in den 60ern erreichen
6. Finanzielle Freiheit in den 70ern und darüber hinaus.
7. Finanzielle Freiheit bei Kindern erreichen
8. Finanzielle Freiheit bei Teenagern erreichen
9. Finanzielle Freiheit bei Studenten erreichen.

www.ingramcontent.com/pod-product-compliance
Lightning Source LLC
Chambersburg PA
CBHW071146240526
45465CB00024BA/1792